W0044635

Albert Ostermaier
Heartcore

Gedichte

Suhrkamp Verlag

Erste Auflage 1999
© Suhrkamp Verlag Frankfurt am Main 1999
Alle Rechte vorbehalten, insbesondere das des öffentlichen Vortrags
sowie der Übertragung durch Rundfunk und Fernsehen,
auch einzelner Teile.
Kein Teil des Werkes darf in irgendeiner Form
(durch Fotografie, Mikrofilm oder andere Verfahren)
ohne schriftliche Genehmigung des Verlages
reproduziert oder unter Verwendung elektronischer Systeme
verarbeitet, vervielfältigt oder verbreitet werden.
Satz: Hümmer GmbH, Waldbüttelbrunn
Druck: Nomos Verlagsgesellschaft, Baden-Baden
Printed in Germany

3 4 5 6 – 04 03 02 01 00

Herztöne

fallbeispiel

dort ist die tür durch die du mich
verlassen wirst bevor ich aus
deinen augwinkeln verschwinde &
den absprung schaff während
unsere schatten sich im
spiegel nochmal verfehlen &
du mich dann aus heiterem
himmel auf der strasse
wiedertriffst ziemlich runter
gekommen geb ich zu am
boden zerstört aber so ist das
der eine geht der andre fällt
aus allen wolken

aufs beste zu

glückliche nacht ein spiel
ohne worte die mich
berühren ins koma
entführen zwei augen
zwei hände ein lachen
erstickt & ein mund
der nicht schliesst nur
ein blick ein genick &
ein schweigen das bricht

lauschangriff

ich schreib dir ein gedicht
auf roten mohn & klatsch
dir mit dem stengel meine
blüten ins gesicht damit du
schläfst & mich betäuben
kannst wenn ich das blatt
auf deine lippen leg &
lausche wie du sprichst

brennstoff

mein kleiner hitzkopf da
kannst du dich heissreden
wie du willst mich lässt das
völlig kalt wenn du mir
die augränder mit benzin
bespuckst & glaubst das
feuert mich an wenn ich
deine blicke schluck bis
ich speien muss für deine
flammenden worte bin ich
wie löschpapier es sei denn
wir schlagen unsre herzen
aneinander bis es funkt

superlativ

du sagst es wär besser ich schau dir nicht
mehr in die augen ja es ist besser ich
seh dich mit den händen & wir verstehn
uns blind & ich dass es besser wär ich
hör nichts mehr von dir klar auf dem ohr
bin ich taub wenn du sagst es ist besser
so seh ich das ein ich will ja auch nur
das beste

lebenslauf

für katrin

lass uns nachts mitten auf
der strasse durch die stadt
rennen uns den hupenden
autos in den weg stellen &
unsere hemden über die
schilder hängen wenn sie
mit ihren gaspedalen an
den ampeln drängen & sich
an unseren verschlungenen
körpern vorbeizwängen &
uns der teufel weiss was
nennen nein wir lassen uns
nur von den zebrastreifen
trennen die wie wir nichts
als nackte haut & das
einsame brennen auf dem
asphalt kennen weil wir uns
lieben müssen wir immer
weiterrennen & wenn wir
nicht mehr können für eine
stunde auf den gittern der
lüftungsschächte pennen
bis sich uns vom heissen
wind die haare im nacken
wie antennen aufstellen &
wir hochschnellen zurück
auf die mitte der strasse &
uns die streunenden hunde an
den mülltonnen wachbellen &
wir rennen & rennen bis die
ersten strahlen des morgens
die stadt & die gesichter ihrer

müden menschen aufhellen &
wir den offnen mündern von
unserer reise erzählen

kissing disease

hör nicht auf damit ich bin
süchtig nach deinen geschichten
deine küsse sind nadelstiche die
auf meinen lippen phantasieren
mir die zunge tätowieren mit
dem unwirklichen blau eines
mannes der schweigsam in
seinem apartment gelehnt
an die offene schiebetür auf
die flut wartet hinter seinem
rücken ein tisch ein revolver
statt einem aschenbecher ein
grauer fliesenboden ein bisschen
wind im zittern der striche &
das t-shirt über den jeans
kein horizont kein ziel die
luft steht auf den schatten &
ich weiss dass du gehen wirst
die fieberbläschen platzen
beim sprechen das metall im
mund kalt wie der diamant
auf deiner zungenspitze
den du an meinen zähnen
scharf geschliffen hast ich
schluck den staub auf den
worten & phantasiere uns
ein glänzendes ende

nachtschleife

ich lieb es wenn ich bei dir
war im aufzug nicht nach
unten sondern bis ganz nach
oben zu fahren & dann die
treppen zu nehmen noch mal
die klinke an deiner tür zu
berühren für ein paar sekunden
auf dem fussabstreifer sitzen
zu bleiben zu warten bis das
licht im flur ausgeht & mit
geschlossenen augen deinen
briefkasten zu finden deinen
namen mit den fingerspitzen
zu lesen bevor ich geh das radio
im auto auf volle lautstärke
dreh & sicher bin völlig sicher
dass sie unseren lieblingssong
spielen & ich einschlafen
werde den refrain im ohr auf
dem laken der lippenstiftrest
deines abschiedskusses neben
dem ich aufwachen werde

gel

morgens wenn ich unter
der dusche stehe bilde ich
mir ein das fliessen des
wassers wäre dein haar
ich schliesse die augen
leg den kopf in den
nacken öffne leicht den
mund & warte auf die
nässe deiner lippen den
schweiss den ich dir von
der stirn küsse werde
das gel in der hand das
deinen duft auf meiner
ganzen haut verteilt dem
nichts verborgen bleibt
bis dein liebe erneut
aus allen poren bricht &
ein heisser schauer die
augen beschlägt

deep snow day

plötzlich waren ihre hände
kälter als die luft es wird
schneien sie umarmte mich
auf dem flüstern ihrer
zunge lag rauhreif als
wir uns küssten vereisten
die lippen sie drückte sich
fester an mich wenn du
dich bewegst zersplittern
wir die erste flocke fiel
aus ihren augen & ihr
blau verlor sich in meinem
gesicht unter dem schnee
der schicht für schicht um
unsere glieder strich bis
wir verschwanden &
aneinander brannten

sauerstoff

vielleicht atme ich zuviel
seh dich zu selten & trinke
zu wenig dich öfter zu
sehen vielleicht sollte
ich die luft anhalten &
sie fragen ob sie mich
mitnimmt wie ein
warmer fallwind dir auf
die lippen fallen wenn es
dir den atem verschlägt
du an mich denken
musst die tür ins schloss
fällt & dir die hände
zittern weil ich mich an
sie schmiege & mit
deinen fingern spiele
bis der nächste luftzug
mich wieder abholt

spurenelemente

was blieb mir von ihr zuviel
ein hauch von fingerabdruck
der rest ihres atems auf dem
glas das fragment ihrer lippen
unter dem gesprungenen rand
eine schwimmende wimper
knapp über dem boden ihr
geruch an der tür ein kleiner
schwarzer fleck ihrer zu hohen
absätze auf dem parkett ihre
hand die noch immer über
meine wange streicht kürzer
als ein augenblick ein tropfen
regen den sie mir auf den
nacken blies als wir uns
umarmten & der mir über
den rücken lief als sie ging &
meine arme hilflos in der luft
hingen bis sie sich in ihrem
schatten verfingen & der wind
ihre schritte aus dem flur in
den regen trug den sie mir liess
meine hände auf dem fenster
stundenlang die strasse die
menschen die ihre köpfe in
die mäntel gruben ein lächeln
das mich unerwartet traf &
um die ecke verschwand was
ich vergessen habe dir zu
sagen was ich meinte als ich
schwieg nur das glas wird
es hören deine wimper die
noch immer drin schwimmt

gänseblümchen

seinetwegen hat sie die ganze
nacht mit dem regen um die wette
geheult sich in die dunkelste
ecke ihres zimmers verkrochen
die turnschuhe ausgezogen &
alle aschenbecher & untertassen
im haus zusammengesucht &
gewartet bis eine zigarette
nach der anderen erlosch &
sie mit der letzten die sie aus
der schachtel nahm ihr spiel
zug um zug weitertrieb er
liebt mich er liebt mich nicht
als könnte sie ihn am ende
wie einen pickel ausdrücken
am morgen stand der rauch
noch im zimmer &
ihre weissen turnschuhe
in der ecke

kurzmitteilung löschen

klar dass ich dich vermisse
deine gefunkten zungenküsse
die vibratorstösse in meiner
hand den quicken telefonsex
buchstabensalven ausser rand &
band wie gern gab ich mir
die blösse & mailte dir
zurück selbst wenn ich völlig
gebannt inmitten bestechender
herzdamen stand die mit ihren
beleidigten bitterbösen blicken
nicht übersahen wie ich mich
aus ihren fängen wand &
meine finger fast im wahn über
die tasten rasten das plastik
so heftig drückten als wärs ein
teil von dir das ich berühr als
könnt ich dir gemeinsam mit
meinen flinken liebesboten
auf den leib rücken & müsst
mich nicht über meine banane
bücken & warten dass sie den
nächsten gruss aus dem himmel
herunterholt *es ist schluss* klar
dass ich den löschen muss

always on my mind

ob ich mich im auto im
kreisverkehr um die
inseln dreh & plötzlich
aus dem wagen spring
den motor laufen lasse &
mir ist als müsste ich
abgeschnallt völlig
durchgeknallt um mein
leben rennen egal ob
ichs eilig hatte &
noch immer schwitze
während ich regungslos
an der haltestelle sitze
& mit offenen augen
penne die strassenbahn
beim abfahren verpasse
weils mir egal ist oder ich
ohne mich zu erschrecken
mir den mund verbrenne
an räucherstäbchen die
nach erdbeern schmecken
morgens die rote tasse
weils deine ist nicht aus
den händen lasse & dabei
vergess sie unter die
maschine zu halten mich
in sie versenke während
der kaffee ins leere fliesst
ans rauschen des meeres
denke mich nicht von
der stelle rühr wozu auch
wenn mir der sinn nach

dir steht & die welt egal
wo ich bin sich dreht
denn du bists die sie für
mich bewegt

happy-end bridgeport

als er losfuhr & den motor
hochjagte sah er noch wie
sein tankdeckel über den
kofferraum rollte er nahm
den fuss nicht vom gas &
quetschte sich ohne lange
zu blinken zwischen zwei
trucks lächelte in den rück
spiegel noch ein goodbye
für den plastikverschluss
dessen kurze freiheit ein
ölfleck stoppte in dem die
sonne ihr sonntagsgesicht
verschmierte ich kehr nicht
mehr um schwor er sich
schloss die augen zog den
wagen blind auf die gegen
spur presste die arme aufs
lenkrad & gab stoff was das
zeug hielt als er wieder auf
blickte wusste er nicht ob
die fernscheinwerfer ihn
blendeten oder die sonne
nichts war mehr vor ihm
nur der horizont den eine
gewitterwolke wild auf die
erde nagelte jetzt stürzte
sich der regen auf ihn er
zog das hemd aus riss
weil es ihm nicht schnell
genug ging die knöpfe
ab & hielt sich dabei mit

beiden schenkeln stur auf
dem mittelstreifen immer
nur den wolken nach er
kurbelte alle fenster auf
hoffte dass ihm das wasser
bald bis zu den knöcheln
stand & der wind ihm mit
der lüftung wie ein tornado
aus dem sitz blies & in
den himmel schleuderte &
wenn seine staublungen zu
schwach wären würde er sich
zu helfen wissen es fing zu
donnern an er zählte mit ich
zähle bis zehn sagte er sich
dann zieh ich die handbremse
bei neuneinhalb sah er sie die
gelbe jacke über dem kopf
neben die strasse gekauert
einen daumen blind in die
luft gestreckt er stieg auf
die bremsen & überschlug
sich fast & kam nach einer
drehung zum stehen wohin
willst du sie sprang in den
wagen spinner schloss die
fenster drehte die heizung
auf & zeigte mit dem finger
zurück bridgeport trifft sich
gut immer der sonne zu er
dachte an seinen tankdeckel
ob ein kind damit spielt &
sich die pausbacken mit öl
beschmiert weisst du ich
ja muss ich eh zurück sie

trocknete sich mit seinem
hemd das gesicht ab als er
den gang wechseln wollte
berührte er ihre hand &
verschaltete sich sie lachten
& rollten im leerlauf auf die
stadt zu würde für ein happy
end jetzt nur noch fehlen dass
wir uns küssen dachte er sich
als sie in seine lippen biss &
der truck ihnen auf ihrer spur
entgegenkam

the motel chronicles

lass uns einfach aufbrechen
überleg nicht lange & von
motel zu motel ziehen es
müssen die einsamsten
sein die irgendwo auf einer
landstrasse ins nirgends
wie perlen an einer
billigen kette mit
platz dazwischen für
landebahnen tankstellen &
shops deren besitzer vor
langeweile
permanent im kreis gehen
wenn wir uns von ihnen
die schlüssel holen & in
ihren blicken den wüsten
sand sehen der ihnen die
farbe aus den augen
getrieben hat den stoischen
blicken wenn wir ihnen
erzählen von der welt
da draussen in den
städten hinter der sonne
& dass das leben dort
tatsächlich wie in den
fernsehprogrammen ist
die sie nachts statt worten
wechseln während
ihre kaugummis wie
sprechblasen zerplatzen
das bier in den händen
einschläft & wir noch

immer wach auf unserem
bett liegen bei offener
tür durch den spiegel
zuschauen wie der mond
sich auf der kühlerhaube
sonnt & wartet dass
ein truck vorbeizieht &
ihn mitnimmt

kommen & gehen

in welchem bett ich lieg
egal wie der typ aussieht
ob er blaue augen hat
oder nicht ob ich die
narben auf seiner brust
mit meinen haarspitzen
umspiele oder dem
totenkopf auf seinem
arm einen kussmund
auf den schädel
drücke etwas erinnert
mich an dich der geruch
nach diesel unter seinen
achseln die art wie er
seine jeans auszieht &
dabei weiterraucht mich
nicht nach meinem namen
fragt & sich hinter seiner
verspiegelten sonnenbrille
versteckt bevor er geht &
am nächsten morgen in
deinem anzug in der
tür steht mit einer hand
den schlips löst &
mich mit bügelfalten
auf den lippen küsst &
meine nummer löscht
während ich unter der
dusche deinen atem an
meinem ohr spüre &
für einen moment
vergessen kann dass

es dich nicht gibt nur
meinen kopf der dich
immerfort verlieren
will

on the run

für sylvester groth

weiss nicht warum ich
immer davonlaufen muss
du sagst ich lebe standby
ein falsches wort & ich
pack meine sachen viel
hab ich ja nicht nie mehr
als in eine tasche passt
keine hosen mit bügel
falten nur hemden die
sich rollen lassen die
jacke die ich nicht mehr
von meiner haut unter
scheiden kann das
einzige buch ein fahrplan
ein paar gedichte die ich
auswendig kann & vor
mich hersage wenn die
telefonmasten wie takt
striche an mir vorbei
ziehen & die batterien
alle sind stimmt nicht
dass ich beziehungs
unfähig bin es gibt da
zwei drei schaffner die
kennen mich um einen
freund zu haben reicht
ein satz ein nettes hallo
ein wenig subtext in den
augen am liebsten halt
ich sie geschlossen &
stell mir vor draussen
wandern die dünen wir

wären in einem tunnel
unter der wüste & ein
sandsturm fegte über
hell erleuchtete städte
während die menschen
in ihren autos lebendig
begraben sich zu tode
frieren oder der zug
tauchte ins meer wo
fischschwärme an den
scheiben kleben wie
ein regenbogen auf den
sonst völlig grauen
toilettenfenstern ist ein
minimales quadrat
ausgespart rechts unten
durch das man durch
sehen kann so viel an
welt würde mir schon
reichen um nicht ganz
zu vergessen wo ich
bin dass auf jedem
bahnsteig jemand auf
mich wartet & seine
arme wie ein anker um
meine schultern legt
wenn wir aus der halle
schlendern merk ich
mir die abfahrtszeiten
überleg mir eine lüge
die bei dir bleibt ein
schatten der es leid ist
davonzulaufen

annulliert

seine augen in der spiegelbrille
des sicherheitsbeamten die
schweissränder auf seinem
hemd als er den metalldetektor
passiert & noch mal nervös
zurückschaut der schrille alarm
in zimmerlautstärke sein
schlüssel das zigarettengeld &
mein photo das aus dem
portemonnaie fällt als er es in
die plastikschale wirft sein
hastiges nachgreifen weil er es
vergisst seine maschine letzter
aufruf die tür hinter der er
verschwindet ohne sich um
zudrehen es bringt nur unglück
wenn man sich beim abschied
bis zuletzt eine seiner ausreden
die immer länger blieben als
er das warten bis der flug auf
der anzeigetafel gelöscht ist ein
name in meiner erinnerung
überblättert von anderen
namen & gleichen abschieden
nur das wechseln der buchstaben
der rasierwasser auf der anrichte
im bad nummern die über nacht
abgemeldet sind austauschbare
orte für ein wiedersehen das
ausbleibt gesichter die sich in
luft auflösen miles & nothing
more nur ein streifen benzin
der in den wolken verbrennt

zwischenstop

sie wollte die ganze nacht
durchfahren warte auf
mich er stand vor dem
kino die hände in den
taschen den fuss noch
immer auf der zigarette
spätvorstellung er war
bis zur letzten zeile des
abspanns sitzen geblieben
die beine über dem roten
polster liess er die leere
bierflasche durch die
reihen rollen & hoffte
dass ihn jemand bemerkte
ein böser blick ein wenn
auch flüchtiges lächeln
vielleicht die standphotos
waren besser als der
film warte auf mich ich
komme mach keinen
fehler er hielt den nächsten
passanten um feuer an
laue nacht heute keine
antwort er hätte sich
rasieren sollen das
mädchen an der kasse
sperrte ab sie nahm den
hinteren ausgang ein
taxi fuhr im schrittempo
an ihm vorbei kein bedarf
sicher steht sie im stau in
der kneipe gegenüber fiel

ein stuhl vom tisch sie
fanden sich am ende
es begann zu regnen er
hatte seinen mantel zu hause
gelassen ein happy end
zum heulen er blickte sich
um niemand zu sehen riss
das plakat von der wand &
verschwand mit ihr in den
hinterhof & schlief völlig
durchnässt die augen auf
ihren lippen ein bis ihn die
müllmänner am nächsten
morgen weckten warum
hast du nicht gewartet auf
mich sie fuhr einfach
weiter

abgehängt

versuchen sie es später
noch einmal leg doch
endlich auf ich hab
keine lust mehr nachts
auf der strasse an jeder
zelle zu halten & in tote
leitungen dir meine
sehnsucht zu gestehen
abgeschnittene hörer aus
den scherben zu pflücken &
die liebeskranken sprüche
an den vollgeschmierten
wänden in morsezeichen
zu übersetzen die ich an
mein herz klopfe dass du
sie abhören kannst wenn
es wieder neben dir
schlägt & abhebt unter
deiner hand & ich
dann endlich bei dir bin
dein ohr mit meinem mund
erreichen kann & nicht
allein auf einer dieser
dreckigen durchgeliebten
überdecken liegen & die
rosenmuster der tapeten
anstarren muss & mir
die finger auf den tasten
statt auf deiner haut heiss
tippe & ich komme nicht
durch renn panisch
durchs zimmer von einer

ecke zur nächsten &
rede mir ein da muss ein
anderer sein der schiebt
während ich hier durch
dreh seine nummer mit
dir das schwein belegt
dein ohr mit küssen &
du lässt mich hier hängen
wie den hörer neben
deinem bett & ich hab
keine lust mehr mir
dauernd anzuhören
besetzt

home run

manchmal wenn du mich
das kürzel in deinem
kalender wieder einmal
zwischen zwei termine
schieben konntest &
völlig abgehetzt zu mir
kommst mir kaum in
die augen schaust &
ohne mich zu grüssen
durch das zimmer läufst
um den sportkanal zu
suchen denke ich
während die stimme des
reporters sich überschlägt
& du mir die kleider vom
leib reisst dann du wirst
lachen denke ich mir was
du eigentlich willst ist
mich bis auf die knochen
auszuziehen mein herz
in den händen zu halten
es in einen fetzen meiner
haut einzunähen um es
dann mit einer rippe aus
dem fenster hinaus über
die dächer zu schlagen
heim zu deiner frau zu
rennen die dich wie einen
sieger empfängt der allen
anwürfen des lebens seinen
starken arm entgegenhält &
doch nur ein kleiner mieser

feigling ist der auf mir
den grossen mann spielt &
seine heimniederlagen
vergessen will das kürzel
in seinem kalender das
er abhakt wenn er geht
damit alles wieder seine
ordnung hat

glitter

A

mein mädchen steht
in flammen besser ich
werf sie ins wasser mein
freund hat eine kugel
im herz wer bricht es
ihm wenn nicht ich mein
satellit hat sich in einen
meteorit verliebt ich
musst ihn auf den
mond schiessen nur
meine gitarre ist völlig
entspannt & lässt die
saiten hängen wenn
ich auf sie eindresche &
meinen spiegel anheule
der da er sich schämt
beschlägt er hat ein
falsches bild von mir
ich werd ihm mit
meinem lila lippenstift
einen lidstrich ziehen

B

& mein mädchen brennt
noch immer & ich sag
zu ihr baby you're on
fire ich zünd mir an
dir meine zigaretten an
mir steht das wasser
bis zum hals & du
machst dich nass &
bist schon so blass
wie der mond dem
mein satellit im hintern
jetzt steckt & ich
weiss ich bin nichts
als ein stück dreck
das nach schminke
schmeckt wenn ihr
dran schleckt &
versteh nicht dass
ihr erschreckt mein
mädchen brennt &
ich habs verpennt

eine kleine nachtmusik

lass mich deine jukebox
sein an einer bar in der
hintersten ecke stehen &
warten bis der groschen
fällt & du mich drückst
deinen schoss an mich
lehnst & zusiehst wie ich
zu rotieren beginne mein
arm sich hebt & senkt &
alles in mir dröhnt wenn
ich an deinem bauch zittre
& so durchdreh dass ich
fast springe & abkratz
um ein haar & dann doch
noch die kurve kriege
stumm vor glück & mit
leuchtenden augen dir
meine platten zeige &
hoffe dass du deine hand
auf meine lider legst &
mit mir träumst wenn du
dich durch die nacht
tastest

Maniacs-in-motion

black jacks

sie trafen sich immer
wenn vollmond war
in einer kleinen bar
am fluss sassen sie mit
ihren krummen rücken an
der dunkelste ecke der theke
neben dem eingang zu dem
menschenleeren kinosaal
wo immer seit sie hierher
kamen derselbe film lief
alle paar minuten drang
ein stöhnen oder ein schrei
durch die tür & ihre lippen
fingen an zu zittern zur
begrüssung warum wussten
sie nicht rieben sie sich
eine handvoll schnee oder
erde ins gesicht & drückten
die erste zigarette einander
an den unterarmen aus &
brannten sich so über die
jahre ihre namen ein die
stunden verstrichen die
schreie wiederholten sich
eine frau ging durch den
raum & verschwand sie
sahen sich an aber sprachen
kaum & tauschten statt
worten nur patronen aus
an denen manchmal
noch etwas blut klebte
dann bestellten sie

schnaps & warfen die
hülsen in die gläser &
wetteten welche zuerst
unterginge wem sie im
hals steckenbliebe aber
sie verschluckten sich
nie in das futter ihrer
wolfsfelljacken waren
photos eingenäht schnapp
schüsse die sie sich mit
einem lachen zeigten &
schlagzeilen die sie aus
ihren brieftaschen falteten
um damit die letzte kippe
anzuzünden bevor sie die
bar verliessen mit einem
herz aus asche auf der
stirn & zu den nutten
gingen & zu heulen
anfingen

polaroid paranoid

er zeigte ihr seine polaroids
das ganze zimmer eine black
box aus schwarzem über
hitztem photopapier du
musst sie auf der heizung
entwickeln nachtaufnahmen
ohne blitz die weissen ränder
mit filzstift übermalt auf
jedem der bilder ein infra
rotpunkt das herz die mitte
zwischen den schläfen das
linke auge nicht bewegen
ein streifschuss & dann in
den rücken er gibt ihr eine
3-D-brille damit kannst du
sie sehen the killing session
dachte ich mir wär ein
schöner titel in einer galerie
mit asphaltierten wänden &
meinen snapshots unter
einem boden aus getönten
windschutzscheiben in
denen sich ihre kontaktlinsen
spiegeln zur eröffnung
schenkte ich sie ihnen mit
eingravierten zielscheiben
ringen über den pupillen
es wird ein raum aus roten
augen sein die dich sehen
sag mir wenn du soweit
bist & sich der punkt auf
deiner brust langsam zu

bewegen beginnt keine
angst er zeichnet nur dein
herz nach jetzt kannst du
den selbstauslöser drücken
dann schaltete er das licht
aus & zählte die sekunden

blindstelle

warum sich bewegen ich
beobachte mich ein reflex
auf der netzhaut eine tür
muss sie öffnen zwei
quadratmeter beton ein
rostiges geländer bespannt
mit einem orange gestreiften
stoff wie er ausbleicht ein
schatten auf dem gehsteig
den ein körper durchquert
die strassenbahn rutscht auf
ihren schienen unausgeschlafen
& träge den berg hinab was
für ein langsamer morgen
dachte er & drehte sich
schon wieder um als er
warum wusste er nicht
nochmals zurücksah auf
die von der sonne im vorbei
gleiten verspiegelten scheiben
die müden traumkranken
gesichter & schweren hände
an den schläfen der zigaretten
rauch lag auf seiner
zunge ich spucke auf die
strasse als ihm plötzlich ein
schauer über die lippen lief
für einen augenblick war ihm
als hätte er sich warum hier
warum jetzt wie im schnell
suchlauf gesehen sich selbst
kann das sein als müsste

er nicht länger hinter den
wimpernschlägen seiner
jalousien im dunkeln sitzen &
regungslos sein standbild
anstarren es vergrössern bis
er die farbe seiner augen
erkennen kann als könnte er
sich ausser an die fern
bedienung an nichts halten
unscharfe gesten ein name
im off das zoom auf dem
loch meine narbe panik
ein flimmern der wände
ein weisses rauschen
in dem er verschwindet
bald wird das band mürbe
sein & der recorder spuckt
es mir vor die füsse & er
wird ihn aus dem fenster
auf die strasse werfen ein
déjà-vu morgen nimmt er
sich vor morgen

lady macbeth

ich wünschte du wärst eine
mine die mich zerfetzt wenn
ich sie trete wünschte deine
küsse schmeckten nach senf &
dein atem wär ein gift das mir
die haut verbrennt deine zunge
ein messer das mich leckt &
sich aus den rippen die stöcke
schnitzt auf meinem herz zu
trommeln bis es spritzt träumte
du knallst in mich dumm wie
ein geschoss das sich verirrt
in meinem bauch & durchdreht
vor wut stell dir vor ich wär
deine wüste & du der sturm
der mich verweht du bist
mein spielzeug doch wenn
ich es in die hand nehme
nimmt es die hand nicht
mit & wenn ich es wegwerfe
kommt es zurück ich beiss
dir in die lippen & du bist
entzückt ich raub dir den
schlaf & du sprichst von
glück ich spuck dir ins
gesicht & du bist wie
entrückt & wenn ich dir die
kehle aufschneiden werde
wirst du gurren vor lust mir in
die arme fallen & ich verfalle
aus frust & gehe ein wie die
blümchen die du mir pflückst

um zuzusehen wie ich ihnen
die blätter abreiss dir zu
beweisen dass ich dich nicht
liebe & lieb dich dann doch &
schäme mich für mein herz
dass so blutleer wie deins ist &
weiss wie deine hände die
zittern vor einer unschuld die
mich würgt endlich verstehst
du mich

warm gun

hör zu ich kann das nicht
alleine nein vergiss was ich
dir gesagt habe ich will
dass du mich abknallst
meine zeit ist abgelaufen
es ist so gut wie vorbei
das glück ist eine leiche
die noch warm ist der lauf
eines gewehrs den der wind
kühlt das geräusch der
plastikhandschuhe wenn
du sie ausziehst & im
waschbecken verbrennst
das fliessen des wassers
das die flammen erstickt
die jeans die sich mit der
gürtelschnalle in der
trommel dreht der hund
der auf der strasse bellt &
dich aus deinen träumen
reisst wenn du zusammen
gekrümmt neben der
toilette eingeschlafen
bist & dich für ein paar
sekunden nicht bewegen
kannst mit den fäusten
auf deine tauben glieder
einschlägst & das blut
auf deinem gesicht im
spiegel entdeckst die
panikpupillen in deinen
augen deinen mund

der von selbst lacht &
die zunge rausstreckt
als lägst du draussen
im wagen wo die sonne
mit den splittern des
schiebedachs auf deinen
lippen spielt & der wind
wenn er um deinen
hals streicht seine finger
abdrücke hinterlässt
wie du

lost angel

mein engel ich liebe dein dreckiges
gesicht deinen schmutzigen mund
die flügellahmen augen wie du
verloren im supermarkt standst &
deine zigaretten nicht bezahlen
konntest & keiner dir für ein
lächeln einen pfennig gab als
das haltbarkeitsdatum der traum
angebote ablief für dich nahm ich
dich mit & du fielst auf mein bett *kratz
mir den schimmel vom herz ich bin
zu müde für diese welt* ich zog dir
die schuhe aus wie schief du auf
deinen absätzen liefst & am ende
der rolltreppe dir fast die knöchel
brachst ich legte eine platte auf
gab dir ein glas & sah zu wie dein
billiger lippenstift an ihm kleben
blieb & du mit geschlossenen
augen immer hektischer an der
letzten zigarette zogst die du in
deiner handtasche gefunden hattest
ich wollte dir von meinen geben
doch du hattest nur ein lächeln *ich
brauch dich nicht* & ich wusste
nicht was tun ich ging auf den
balkon als ich wiederkam stand
sie nackt in der tür ein schatten
aus haut sie verschwand auf dem
bett lag noch ihr kleid der stoff
auf dem ich schlafen werde bis
ich ihn irgendwann mit meinen

lippen durchgerieben hab & dich
mein engel wiederseh im supermarkt
wenn ich vor den sonderangeboten
steh ein seltsames flügelwesen die
taschen leer die finger verbrannt &
du mich mit zu dir & in deine arme
nimmst & darin hängen lässt bis
ich fliegen & verschwinden kann

vermisst

du wusstest wie es enden wird ich
sah in seine leuchtzifferaugen die
selbst hinter der sonnenbrille
noch grell funkten er sagte mir
als könnte das irgend etwas
beweisen er wollte ihr briefe auf
rotorblätter sprühen stellte
sich wie ein dummer verliebter
junge mit zerbissenen lippen
vor wie seine worte sie im
kegel der suchscheinwerfer
blendeten & die schatten der
helikopter über ihr gesicht
strichen & der wind wild
nach ihrem drahtigen haar
griff er machte es mir
unbeholfen vor & schüttelte
dauernd seinen kopf so müsste
es sein & schlug mir dabei
auf die schulter so hör mir
zu dass ihre strähnen wie
blonde zeilen in der luft
stünden & die glühwürmchen
meine herztöne auf sie setzen
könnten begleitet von den
bässen der ubahn die unter
ihren zitternden füssen er
hielt inne nachts einsam durch
die schächte schiesst bis an die
ränder der stadt wo das meer
seinen grünen phosphorschaum
ans ufer spuckt & die rostigen

tanker auf ihren ölspuren den
signalen der von den menschen
verlassenen leuchttürme folgen
er beruhigte sich sass wo er
immer sass zu dieser zeit auf
einer abgelegenen rampe im
hafen & suchte mit einer
taschenlampe das wasser nach
ihren kleidern ab ein neonrotes
halstuch in der linken hand das
er wie den griff eines messers
umkrallte ein flugticket fiel als
er aufstehen wollte aus seiner
tasche glaub mir wir wollten
fort von hier ich wollte fort
fort mit ihr er umarmte mich
gab mir seine schlüssel zog
sich aus & schwamm die
sonnenbrille noch immer über
den augen hinaus den schiffen
nach wo ihn dann am nächsten
morgen die helikopter fanden
ein treibender körper gekrümmt
zu einem herz das unter den
scheinwerfern blinkte

rückzug

ich hab all deine nummern
gelöscht meine anrufe um
geleitet in irgendeine telefon
zelle am anderen ende der
stadt über meinem türschild
klebt ein neuer name deine
briefe hab ich in die ganze
welt verschickt & das photo
wo du nackt auf meinem bett
liegst über ein pissoir gepinnt
damit du einen freund fürs
leben findest der nicht so
feig aus deinen armen
desertiert & die stellung hält
an deiner brust nicht aufgibt
bevor er sich aufgerieben hat
& du ihn vor deinen lippen
aushungern wirst das werd
ich mir ersparen doch
mein herz ist ein partisan &
du der hinterhalt aus dem
es zuschlägt

sirenenstrich

eine bunter blechfelsen
aus zusammengepressten
chevrolets nur die radios
haben ihren geist noch
nicht aufgegeben & spielen
in endlosschleife das lied
vom tod & träumen von
den sirenenschlampen
in fransenjacken denen
wasserstoffblonde strähnen
wie antennen zum himmel
stehen & das gel noch an
den mittelfingern klebt mit
denen sie die autos wenn
sie vorbeifahren zur hölle
wünschen
nur ein alter
hippie hält an der die
kurve nicht mehr gekriegt
hat weil ihm die zündkerzen
abgesoffen sind & heult
ihnen die ohren voll dass
es nicht auszuhalten ist &
sie ihn & sein rostschiff
verschrotten

schrottreif

er ging immer auf dem
mittelstreifen an der ampel
musste er den epileptiker
spielen legte sich nachts
nackt auf die strasse das
rückgrat wie in die schiene
gegossen & träumte den
grossen wagen zwischen
den kniescheiben die sterne
abzuknallen streifte über
die parkplätze bis er einen
offenen kofferraum fand
in dem er sich zusammen
kauern konnte ein blinder
passagier bis zur nächsten
raststätte wo er mit einem
blauen auge davonkam mein
herz ist ein leerer tank er
liebte es am diesel zu
nippen einen alten reifen als
kopfkissen unter einem
kotflügel neben den
leitplanken zu schlafen
wenn ihm kalt war sich auf
einer motorhaube zu wärmen
bei sonnenaufgang gegen
einen kaffeeautomaten zu
treten & den müden fern
fahrern zu erzählen dass
der mond eine überholspur
hat die engel wenn es
nacht wird in die eisen

treten & auch im himmel
radarfallen stehen kein
wunder dass er eines
tages letzte ausfahrt vor
der grenze an einem
autobahnschild hing

la meta

fernfahrerkneipe männer
wie an die tische gespült
diesel unter den achseln
müde nacken über teller
gebeugt trucks die am
fenster vorbeiziehen
den häfen zu wo sie für
ein paar zigarettenlängen
zusehen wie ihre rücken
auf die schiffe verladen
werden die sie weitertragen
aufs meer dessen krustengetier
sie hier mit den gabeln aus
den nudeln fischen
ertränken im rotwein den
sie schlucken & dabei die
augen schliessen hinter
den lidern den sonnen
untergang am ende der
tunnel oder den pannen
streifen mit meerblick wo
sie manchmal einsam stehen
in den ohren das rauschen
der autobahn die auf ihren
betonbeinen durch die
landschaft stolziert mit
ganzen dörfern zwischen
ihren schritten dächern
wie spielzeug an die pfeiler
gelehnt krumm wie sie
wenn sie nach dem essen
am pokerautomaten stehen &

für die touristinnen in den
blütenweissen blusen mit
den authentischen papier
servietten an den lippen den
wilden mann spielen die
beine breit auf dem boden
den fuss noch am gas &
ihnen zuzwinkern obwohl
sie nur ein auge für die
schienbeine der fussballer
auf dem bildschirm in der
ecke haben & einen bluff
für die damen die nach
ihrem letzten grappa
beschwingt bezahlen &
mit offenem schiebedach
an den bunten netzen der
olivenbäume im schein
werferkegel vorbeigleiten
während die fahrer müde
in ihre kabinen steigen &
im meer der rücklichter
langsam untergehen

abrüstung

wir werden lange unterwegs
sein ich will dich mitten in
der wüste auf einem flugzeug
friedhof lieben in einem gräber
feld aus bombern die ihre flügel
nicht mehr hochbekommen &
nur mehr den rost abwerfen
den die sonne ihnen von der
haut blättert ich will mit dir
auf den tragflächen liegen &
den regen anbeten & zusehen
wie unser schweiss die ein
schusslöcher zum überlaufen
bringt mit meinen lippen will
ich deinen körper nach minen
absuchen auf deinen knöcheln
meinen atem beschleunigen &
über deinen brüsten abheben
in den himmel ein kondens
streifen der deinen namen
wie einen bombengruss in
die luft schreibt lange
werden wir unterwegs sein &
wenn uns der sprit ausgeht
zu fuss durch den sand
gehen bis wir schon von
weitem hören dass der
wind die propeller anwirft &
die kojoten wie motoren
heulen & auf uns warten
wie auf zwei elephanten
die an ihrem ziel in die
knie gehen

death valley

irgendwo dreihundert fuss
über dir muss das meer sein
doch da ist nichts nur ein
blaues brennglas das den
himmel zur hölle macht
wenn du zusehen musst wie
das wasser auf dem weg zu
dir sich in heisse luft auflöst &
die sonne dir die haut vom
gesicht schält sich mit deinem
bart den schweiss aus der
stirn zu wischen & wartet
bis deine augen zu zwei
salzstreuern mutieren &
du am boden zappelst
im trocknen schwimmst
der sand sich flüsternd in
die falten deiner kleidung
schmiegt & dich mit
träumen überhäuft
verwandelt in den rücken
einer schlange die mit den
dünen wandert

an vorderster front

bombenstimmung in der bar
radaraugen spähen die frauen
aus rauch liegt in der luft
zigaretten glühen zwischen
den sperrfeuern der lippen in
den aschenbechern sammeln
sich die kippen die kellner
kehren im bodeneinsatz die
scherben zusammen & lassen
das wechselgeld auf die tisch
platten fallen sorgen für den
nötigen nachschub & schiffen
die tabletts mit ihren explosiven
blutroten drinks zwischen die
wellen immer neuer gäste die
ihre langen staubmäntel wie
generäle tragen & kommandos
an die theke geben wo die
einsamen sitzen mit flugzeugen
im bauch & SOS funken wenn
sie nicht landen können auf den
dünnen stoffbahnen die sich um
die schenkel spannen wenn ihre
blicke sich in den netzhemden
verfangen & sie wissen dass sie
abstürzen werden heute nacht &
keine fallschirmseide sie wird
halten können kein arm sich
öffnen wird sie aufzufangen
selbst der bildschirm bleibt
stumm & antwortet nur mit
boxhandschuhen trefferserien

unterbrochen von brennenden
häusern & nackter haut über
die sich blinkende nummern
schieben & werben für die
waffen einer frau während
sich die kampftrinker für ihr
letztes gefecht dieser nacht
aufpeitschen lassen sich mit
ihren goldnen kämmen durch
die haare fahren & manchmal
weinen wenn die reihen sich
lichten die stühle mit den
beinen nach oben auf den
tischen stehen & der boden
ein schlachtfeld zerplatzter
träume ist das der morgen
aus den augen räumt & die
krieger nach hause kehren
mit hängenden flügeln

integration

er hat sich eine glatze rasiert
trägt die bomberjacke als
hätte er damit seine schmale
brust betoniert läuft wie ein
senkblei durch die strassen
sein körper spricht fliessend
deutsch seine augen strahlen
heute preussisch blau auf
die kontaktlinsen hat er sich
mit dem klappmesser ein
hakenkreuz geritzt die
stiefel so eng gebunden wie
es ging & geht damit als
wär jeder schritt ein sprung
ins gesicht des nächsten
menschen der ihm über
den weg läuft er ist gross
& träumt davon breite
schultern zu haben
unterarme wie aus stahl
gegossene fäuste wie ein
amboss damit es funkt
wenn er auf ihre eisen
schädel einhämmert er hat
gelernt seine bewegungen
zu kontrollieren doch auch
wenn er sich beherrscht
ist es als tanzten seine
glieder im wind er wird
rennen müssen oder sich
totschlagen lassen ein
selbstmörder mehr in

seinem grab zwischen
den hochhausschluchten
er ist allein & sie sind zu
viele für ihn & er wird sie
fragen habt ihr angst vorm
schwarzen mann

Remakes

die inquisition belehrt herrn galilei

weil uns dein auge ärgert weil
es statt zu glauben sieht reiss es
aus & drück das andre gleich
zu oder andre tuns für dich
bis dein blick keine winkel
mehr hat nur eine nadel die
ins auge sticht & in ihm
schwimmt bis was zu sehn
war verschwommen ist &
du dann endlich blind bist
vor glück & länger als den
augenblick da gott bewahre
alles sich drehte denn alles
unglück stammt nur von
falschen berechnungen &
wer wenn nicht du sähe das
ein

herr galilei hat eine einsicht

die erde bewegt sich doch
nicht denn sie ist flach
wie meine hand von der
ich leb im mund wenn sie
ihn schliesst kann sein sie
ist dann rund wie eine
faust mit der man blaue
augen schlägt kann sein
dass sich dann alles dreht &
man die sterne sieht auf
dem boden der tatsachen

aus den liebesakten

du kannst wenn du deine
kleine blume schon zur ader
lässt mir auch deine gummi
stempel auf die blaugeliebten
lippenkissen drücken wie wärs
mit eingegangen vorgelegt
oder rücklauf erledigt am
bezahlt mit spucke die
die hände schmiert wenn
sie nach worten suchen &
sie in andern händen finden

aus den liebesakten II

ich gestehe ich hatte ein verhältnis
mit dem herrn als er seinen steiss
schwenkte im abendhimmelblau
wurde ich schwach & zog ihm
seine gelben schuhe aus für den
regen der von unten kam ja es
ist wahr ich liess ihn barfuss
stehen in kalter nacht denn auch
dem himmel über ihm dem violetten
konnt ich nicht widerstehen &
knöpfte mir die sternchen vor
an seinen jeans aber wofür sich
schämen als ich ihn dann in
händen hielt wars nur papier &
ein wasserzeichen das ich liebte

face fatzer

solang der regen nicht zurück
kehrt nach oben die wunde
noch als narbe schmerzt
der himmel blass in jod
die wolken tränkt & mit
den engeln kokst bis er
vergisst & mir vor angst
auf meine schuhe pisst
solang der mond noch
voll ist wie die welt & man
bevor sie schlecht sind
menschen schlachten
kann solang werd ich nicht
fertig sein mit euch

unter der gürtellinie

du bist ein tiefschlag &
zwingst mich auf die knie
glaub nicht dass ich dir
die füsse küsse ich beiss
dir die zehen ab & warte
bis du zu boden gehst ich
dich flachlegen kann wieder
oben auf & dir ein dorn
im auge bin wenn ich den
gürtel lös & mir die rose
pflück die hier im schatten
wächst & in meinen händen
verblüht

lehrgut

dir ist nicht zu helfen
aber schütze dich vor
deinen freunden den
flaschen den falschen
ihren einweggesichtern
die man nicht entsorgen
kann sie lachen zuviel
ihre hälse sind zu dünn
sie kriegen nie genug &
du stehst da mit leeren
händen voll von
versprechen schüttle sie
ab knall sie an die wand
lass sie überschäumen
vor wut du musst sie dir
aus dem kopf schlagen
das tut dir gut wo bleibt
dein mut fang mit mir an
scherben bringen glück
oder kannst du kein blut
sehen ich dachte mit
deinen feinden wirst du
selber fertig

into the wilderness

mein freund wir wollen hinausgehen
uns ins gras legen & zigaretten rauchen
lass uns den nachmittag entzücken &
die äpfel mit den augen aus den bäumen
pflücken die wiese mit den zungen
mähen nie ist das gras zu hart wir
schneidens mit den worten & spucken
die insekten aufs papier keine angst
du musst die natur nicht geniessen wir
räuchern sie aus

kanon

wenn die sirenen schweigen
singt der fels bis in der
brandung seine stimme
bricht & die kiesel
auf dem meeresboden
weiterklingen die wellen
sie ans nächste ufer
tragen wo ein kind sie
in einer muschel sammelt
die es ans ohr drückt bis
seine lippen zu schwingen
beginnen & die augen ein
schiff vor den klippen finden

day of the dead

für udo samel

er sitzt in einem rollstuhl &
lässt seine zehenspitzen mit
den schatten sprechen wenn
ihn der barkeeper nicht sieht
zittert er einen flachmann an
die lippen schluckt nervös mit
seinem ganzen körper der
plötzlich für eine sekunde zu
tanzen beginnt dann sinkt er
erschöpft zurück in die starre
des nachmittags starrt auf die
fliegen an der wand bis ihre
flügel auf der zunge seiner
träume kleben & er kraft hat
für den nächsten schluck die
nächste lüge die er verteidigt
mit geschwellter brust & einem
dreckigen lächeln das zu laut
ist seine angst zu verbergen
hinter der künstlichen nacht
auf seinen gläsern die eine
sonne fliehen die längst unter
ging in seinem herz ein herz
dem er nicht mehr traut & das
langsam vor sich hinfault
während er weiter über sein
verpfuschtes leben mault &
auf den boden spuckt die
stille verachtet die ihn umgibt
das ferne dröhnen der motoren
das sie bricht & seine sehnsucht
mit benzin übergiesst darauf einen

schluck dass er sie vergisst die
zigarette die in seinem mund
abbrennt & in seinen worten
glüht wie ein altes versprechen
zu sterben bevor er endet wie
er ist ein trunknes schiff das
seinen kurs verloren hat &
wartet bis es stranden kann an
einer küste der das meer noch
einen toten schuldet & die das
treibgut an ihren welken busen
nimmt & ihn hält bis die wellen
gleichgültig sein leben abtragen
er aus seinem schlaf aufschreckt
sich seine wunden leckt & sein
rollendes grab an die theke
wuchtet für den letzten drink
der ihn von den toten erweckt

blonde nächte in kiew

in jedem aufzug eine frau
mit den fingern auf den
knöpfen i will take you
higher beine bis zur bar
in den wolken ein himmel
aus schwarzem nylon voll
sternenpuder über einer
stalinskyline high heels
i strip you naked die mit
ihren goldenen pfennig
absätzen der nacht langsam
die maschen auftrennen
bis die venus aus einem
bauchnabel strahlt &
die kosmonauten in
weissen anzügen auf ihrem
mond landen sich in
ihrer blonden umlaufbahn
verlieren & ein amerikaner
auf seinen dollarnoten um
die theke surft die dichter
unterdessen in ihrer ecke
phantasieren dass die
soldaten in truppenstärke
zu ihren versfüssen ein
marschieren während
draussen auf den strassen
die auftragskiller überall
die blätter fallen sehen &
mit blutenden herzen
fühlen dass sie den herbst
nie übertreffen werden sich

die strümpfe über die
gesichter ziehen & im
aufzug verschwinden

pirat im mond

für marius

du musst es mir glauben wir
werden es schaffen seine
pupillen spiegelten sich auf
der schneide seines messers
mit dem er sich die finger
nägel zu krallen verschnitt
wir werden die totenkopf
flagge auf dem mond hissen
& ihm sein schönes gesicht
versauen alles was ich
brauche ist ein segel aus
jungfernhäuten ein ruder
mit griffen geschliffen aus
schädeln von neugeborenen
ein anker leicht wie
pfauenaugen die ich in den
himmel werfe wenn wir am
abgrund der welt stehen &
allen ballast in die tiefe
werfen die papageien unter
deck zu fliegen beginnen &
unsere blonden seile sich
mit den wolken vertäuen &
wir auf den wellen des
lichts kreuzen & wie eine
feder durch den äther segeln
immer auf kurs mit dem
messer zwischen den zähnen
entern wir den mond &
dann er krallte seine nägel
ins haar kreiste mit den
fingern um seine augen &

dann werde ich dich zurück
lassen dir die haut mit
meinen händen von den
rippen ziehen er legte sie
zart wie ein liebender auf
seine lippen dein skelett
überziehen mit gold &
deine beine in den staub
drehen ein schwarzes
tuch dir um die schultern
binden & mit dem nächsten
kometen zurückkehren
ans ende der welt wo ein
schiff auf mich warten
& deinen namen tragen
wird mit deinem herz als
talisman auf meiner brust
& schon hatte er es in
seinen händen & es war
voll wie der mond

persona obscura

für joseph gallus rittenberg

ein mann auf einer bank die
überbelichteten augen hinter
einer sonnenbrille versteckt er
sitzt in der äussersten linken
ecke sein alter hut ein langer
abgeschabter mantel die schuhe
alles in schwarz vor den dem
betrachter entgegengestreckten
lochsohlen ein schattenspiel
die sonne fällt durch die blätter
des baums & übermalt das
koordinatennetz der boden
platten mit wolken der himmel
ist in die knie gegangen neben
dem mann ein graumetallener
müllbehälter eine hellblaue plastik
tüte stülpt sich zerknittert über
seine ränder die hände des
sitzenden liegen verschränkt in
seinem schoss in der einen
hält er den stiel einer roten rose
ihr kopf ist geknickt & hängt
verloren in der luft über einem
schatten im hintergrund des
bilds ein haus mit gitterfenstern
am linken arm des mannes dessen
hand die rose hält eine blinden
binde drei schwarze dicke punkte
auf sonnengelbem stoff auf
der obersten brettzeile der bank in
etwa selber höhe anschliessend mit
dickflüssigen weissen kapitalen lettern

gepinselt ein spruch *ICH WILL DICH*
dann auf die zweite zeile über
springend & gebrochen durch die
dunkle lücke dazwischen in aus
laufender farbe *FICKEN ICH WILL*
DICH FICKEN der mann ist
allein seine fast gewalttätig nach unten
gebogenen mundwinkel beleidigen
sein gesicht er weint vielleicht fast
regungslos verharrt er in seiner
trauer doch dann als hätte er einen
entschluss gefasst bewegt er sich
rutscht auf der bank nach rechts
sitzt jetzt exakt zwischen *ICH WILL*
& *FICKEN* das *DICH* im rücken
wieder verharrt er eine weile dann
bewegt er sich erneut steht auf
nimmt seinen hut ab plaziert ihn
mit der innenseite nach oben
auf dem boden löst die binde vom
arm zieht den mantel vorsichtig
aus legt ihn in aller langsamkeit &
genauigkeit zusammen & über das
FICKEN geht einen schritt zurück
wieder vor bettet die rose auf die
mitte der bank direkt über & in einer
linie mit dem hut auf dem boden
dann zieht er sehr behutsam &
zärtlich die binde vom mantel &
über die blätter der rose hält wieder
einen moment inne streicht mit
seiner rechten hand nochmals über
ihren kopf & nimmt mit seiner
linken die brille von den augen
legt auch sie sorgfältig zusammen

denkt nach lässt sie zu boden
fallen zertritt sie neben dem hut
dann dreht er sich ein sonnen
strahl trifft seine augen er
schliesst sie dann geht er wie
er gekommen war am linken
rand am müllbehälter vorbei
aus dem bild es ist frühling

hidden story

für werner

das radio lief die ganze nacht
er war er konnte nicht sagen
wann über seinem buch es
muss schon spät gewesen
sein eingeschlafen er konnte
sich noch erinnern dass die
katze an der tür scharrte man
fand keine spuren auf dem
glas & er sie ins haus lassen
wollte wie er es immer tat &
dann der mond war er nicht
von wolken verhangen hätte
ihn in ihren augen geblendet &
er habe sich er wisse nicht
wovor plötzlich geängstigt
als sie seiner hand auswich &
hinter seinem rücken auf
dreckigen pfoten im zimmer
verschwand der boden so weit
man sehen konnte war sauber &
weiss wie ein teller den man
aus der geschirrspülmaschine
holt man konnte seine hände
als er sie zum nachdenken
über sein gesicht legte & an
seinem nasenrücken rieb sich
auf dem parkett fast spiegeln
sehn was dann geschah könne
er nur vermuten er habe nicht
getrunken nein ein schluck im
vorbeigehen vielleicht die
lippen ein wenig anzufeuchten

die flasche neben seinem stuhl
war leer ein glas wasser mehr
nicht ein tropfen wein damit es
nicht so trocken schmeckt er
sei dann wahrscheinlich dort
habe man ihn ja schliesslich
auch am morgen gefunden
zurück nach oben gegangen &
habe dabei ja jetzt komme es
ihm wieder dunkel in den
sinn die stufen gezählt sich
zu beruhigen was ihm nicht
gelungen sei weshalb er das radio
angeschaltet habe ein dummer
trick gegen die einsamkeit er
habe sich nur schwer auf das
buch konzentrieren können
die zeilen seien ihm beim
lesen verschwommen er hat
akribisch jedes entscheidende
wort mit einem harten bleistift
er liegt nebenan in der
klarsichtfolie unterstrichen &
am rand die wichtigsten zeilen
mit einem ausrufungszeichen
markiert irgendwann müsse er
die sätze des sprechers
mitstenographiert haben doch
er könne seine kürzel so sehr
er sich auch bemühe nicht
mehr entziffern ein gestochen
scharfes geständnis wann hätten
die nachbarn sich denn beschwert
über den lärm so laut könne es
doch nicht gewesen sein nein er

habe nicht geschrien um seine
schreie ginge es auch nicht er
sei eingeschlafen vielleicht habe
er im schlaf geschrien das könne
er nicht wissen er träume öfters
schlecht ob er sich jetzt anziehen
könne seine krawatte sitzt ein
wenig schief er könne kein blut
sehen es ist keines zu entdecken
niemand ist im haus ausser ihm
das radio läuft immer noch ob
die zeitung schon vor der tür
liege er warte auf einen nachruf
den er letzte nacht geschrieben
habe nach den nachrichten wer
denn gestorben sei das habe er
vergessen ob sie es ihm nicht
sagen können

gesicht in worten

für jan philipp reemtsma

auf dem photo das die
polizei der presse gab ein
mann auf einem stuhl er
hat einen trainingsanzug
an sitzt in einem keller
sein gesicht ist nicht
zu erkennen ein weisser
fleck wo sonst die augen
sind eine projektionsfläche
die ihre farben verhüllt
das weiten & verengen
der pupillen in panik
kein mund der atmet ein
gesicht das sich nicht
entlarvt nur mutmassungen
die es suchen über einem
körper in blickfängen der
in seinem stillstand gegen
das verfallsdatum der
zeitung auf seiner brust
ankämpft die fremde haut
aus schlagzeilen die ihn
neu erfindet & sein leben
das für die hand an dem
gewehr in einen geldkoffer
passt & in ihm nur das
schliessfach wechselt wie
sein kopf der während
hände am computer ihn
nachzeichnen zum zweiten
mal zur zahl & baren
münze wird zu einer

geschichte die nur er
selbst erzählen kann ein
weisser fleck das blatt
papier das er mit seiner
hand mit worten füllt
einem gesicht das er
erkennen kann weil es
nichts verschweigt &
seine züge trägt

fausts trip to the hip

das altern ist ein kaltes fieber
es fröstelt dich ein leben lang
hat einer dreissig jahr vorüber
so ist er schon so gut wie tot
besser man lässt sich zeitig
totschlagen wird einem bang
wenn man sie so heissblütig
sieht die jungen kerle ohne not
wie sie auf den strassen raven
ekstatisch ihre hüften drehen
die autos aus den lücken heben
bis die toten innenstädte beben
wo wir lemuren an den scheiben
wie eintagsfliegen klebenbleiben
ich wollte die welt verändern
und die welt rennt mir davon
wollte herrscher sein den ländern
aber sie höhnen alter come on
ist das der lohn meiner frohn
unbeherrschte megalaute kids
für die bin ich nur ein metawitz
sie schenken mir viagrapillen
als könnt das meine lust stillen
als sei er mir nicht mehr zu willen
mein hochstrebender edler trieb
will sie durchlöchern wie ein sieb
will meine hexen auf sie hetzen
dafür dass sie mich so verletzen
die haben keinen respekt vor mir
sie werden zu meinem entsetzen
die hexen auf plattenteller setzen
meine rage ist für sie nur papier

doch ihre rage ist gnadenlos hart
gehöre zu einer aussterbenden art
aber wenn ich die mädels so anseh
mit ihren gretchenzöpfchen o weh
die blondchen auf den truckrampen
diese schmallippigen schlampen
die bauchnabel voller diamanten
wäre ich gern einer der probanden
und liess an mir herumprobieren
arme beine einfach alles tätowieren
trieb mir die nadeln durch die backen
bewegte mich in ausgesuchten lacken
wär dabei bei jeder schweinerei
mein gen freunde sei für euch frei
zum teufel mit der ganzen sucherei
dem fragen zögern leipziger allerlei
nie mehr älter sein als dreissig jahr
war fast tot jetzt bin ich wieder da
und habe es nun selbst in der hand
der ewigen jugend neuestes pfand
im vorgefühl von solch hohem glück
gibt es kein zurück und den höchsten
augenblick ich geniess ihn JETZT

alceste at his best

fall ihnen ruhig in die
arme mit schätzchen hier &
schätzchen dort ich setz
das gespräch auf meine
art fort ich hasse das
pack & kratze am lack
die haut drunter stinkt
nur schön wie es klingt
wenn das stahl in sie
dringt auch wenn es
nichts bringt du sie
weiterhin küsst diese
gepuderten wangen die
von mir eine fangen ich
möchte sie liften mit den
goldenen spangen die
ihre mähnen bezwangen die
edlen perücken auf ihre
gesichter drücken bis
ihre äuglein entrücken &
die würmer verzücken
schenk dem typ an der
bar ruhig ein lachen
wirf dein haar in den
nacken was werd ich
schon machen ich
pflück mir eine strähne
& find seine kehle &
hols mir zurück nicht
dass du denkst dass mich
eifersucht treibt ich
ertrag es nur kaum dass

so ein abschaum von
clown in deiner nähe
bleibt mir während
er mit seinen händen
unter dein kleid greift &
ihr eure schwingenden
becken aneinanderreibt
seinen dürren hintern
zeigt bis ich ihm
zwischen die beine
treten muss & seine
eier zu brei dass schluss
ist mit der fummelei du
hast ja recht ich dreh
durch lauf amok bau
den grössten bock
wenn ich seh da sind
mehr als wir zwei
wird mir alles einerlei
du gehörst nur mir &
ich wie ein wildes tier
weggesperrt von dir
warum machst du mich
zum menschenfeind der
hass auf liebe reimt jeden
menschen neben dir
verneint warum willst
du mich von der welt
entzwein ist dir das glück
mit mir zu klein aber
nein nein dass ich dich
liebe bild ich mir so
hass ich mich nur ein

souvenir de bordeaux

wo aber sind die freunde
hölderlin sitzt am fluss &
zählt schiffe lässt leere
blätter über die garonne
segeln & bläst mit vom
staunen rauher stimme
dem wind der meerwärts
zieht seine geflügelten
worte hinterher &
schwärmt die feder auf
den lippen von matrosen
die nach indien fahren
während ihm die tinte
über den daumen läuft &
sein müdes herz ganz
stille steht seellos von
sterblichen gedanken &
er sich einsam fühlt bei
den lichtern der boote
die durch die nacht
zittern ein dichter der
alleine durch die gassen
schwankt als schliche er
über die planken eines
schiffs auf hoher see die
lungen voll sturm die
wellen im auge als
blickte er zurück &
riefe dem wind der
ihm im gesicht steht
gehe aber nun &
grüsse die schöne
garonne

Calcuttaphonie

daily calcutta

den kleinen kopf geschmiegt
in die rauhe beuge des ziegels
schläft er schmiegt die lippen
an den roten staub & lässt sie
den ameisen von seinen träumen
erzählen der zunge der göttin die
die fliegen schluckt denen er
sein blut opfert einen tropfen
jede nacht mehr hat er nicht
ein lächeln am tag eine pupille
voll honig eine schwarze
wimper auf dem rücken des
schmetterlings ein bisschen
haut & knochen mit denen
er die strasse asphaltiert der
mut eines tigers vor den
auspuffrüsseln der blech
elephanten die seine wohnung
zertrampeln einen fetzen rohen
stoffs ein durchschossenes
glück keine zwei quadratmeter
gross ein paradies das man
aufrollen kann am nächsten
morgen wenn die hölle ihre
pforten wieder öffnet & die
sonne sich die gesichter gerbt
für ihr schrumpfkopfkabinett &
zusieht wie das bleiwasser
aus den pumpen schiesst auf
die kleine schwarze brust auf
der die hände tanzen & wie
schlangen sich winden im

schaum der seifenoper die
man hier an jeder ecke sieht in
täglich wechselnder besetzung &
der tausendundzweiten neu
auflage den endlosen die folgen
wie eine locke der anderen im
strom des flusses der sich seine
alten kinder wiederholt & an
den haaren zurück zum ursprung
zieht wo sie liegen die kleinen
köpfe geschmiegt in die beuge
des anfangs

stopover

die maschine landet am
fluss brennen die toten
auf den türmen stochern
die vögel in leichenstarren
augen & fliegen davon mit
fingern in den schnäbeln
ihre jungen zu füttern auf
der strasse wird bestimmt
gerade ein kind überfahren &
söhne scheren sich die
köpfe kahl ihr vater starb &
sie hüllen ihr schweigen in
eine haut aus weissem tuch
bis das heilige wasser die
worte wieder an die lippen
buchten schwemmt wo die
trauer wie ein treibgut
strandet & hände sucht
gesten die die geschichte
des verlorenen weiter
erzählen & die fische mit
asche ködern dass wenn
sie zum himmel fliegen die
nacht aus ihren kiemen
strömt & die sonne mit
dem bauch nach oben am
boden liegenbleibt & sich
ausruhen kann bis sie zurück
kehren in den fluss & den
schiffen folgen die strom
abwärts ziehen vorbei an
den fabriken den brücken

die die menschen tragen
von den hütten in die stadt
vom bahnhof zu den bürger
steigen wo die bürger über
ihre körper steigen & der
asphalt an den sohlen klebt
weil er weglaufen will &
nicht wie taxis zu den
feldern rollen kann wo
die wirklichkeit flügel
bekommt & als ein
schatten zurückbleibt
der die stadt den fluss
die türme streift

indische ouvertüre

für bert wrede

er sitzt auf seinem bett die
e-gitarre zwischen den beinen &
wandert mit den fingern auf
dem fast lautlosen alphabet
seiner läufe ich stehe in der
tür er sieht mich nicht seine
hände erzählen ihm was
seine augen noch nicht
verstehen sein ganzer körper
wehrt sich gegen das zimmer
die rosa wände tapeziert mit
den erschlagenen flügeln der
moskitos die kakerlaken die
aus der lüftung auf den stein
boden fallen & sich auf
schwachen beinen bis unters
bett zittern von der strasse
springen die bässe in seinen
klangraum das scratchen der
reifen auf dem nassen asphalt
der chor der händler die beim
werben auf ihren schmalen
bäuchen trommeln & mit ihren
spitzen stimmen um die wette
schreien ich weiss nicht ob er
sie hört wenn sein fuss im takt
gegen das bettgestell schlägt &
mit dem vergessen seinen
gedanken eine ordnung geben
will die der rhythmus des lärms
von draussen unterläuft & seine
erinnerung wieder hinaustreibt

in das taxi in dem wir frei
statt festgeschnallt sitzen den
gestank im gesicht körper die
während wir vorbeifahren
zerfallen hände die in der luft
stehenbleiben glückliche augen
in denen wir das unglück sehen
wollen & die uns hinterher
lächeln & zusehen wie wir uns
durch die schlaglöcher winden &
mit den köpfen gegen die fenster
knallen nur nicht die fassung
verlieren *lass uns gehen* er
sieht mich ungläubig an seine
pupillen pulsieren seine finger
haben mich noch nicht gehört &
flüchten in den nächsten lauf
lass uns in die stadt gehen ich
beneide ihn er kennt den weg
schon & ich hinke ihm eine
pause nur hinterher

barfuss durch den tempel

nice shoes er zeigte auf
meine schuhe ich zog sie
aus *i know you* er lächelte
you're a movie star ich
lächelte zurück kamera
läuft er rollte mit den
augen *you can take a
picture of me* ich zählte
das geld er steckte die
scheine in die brusttasche
verbeugte sich leicht &
nahm mich bei der hand
where do you come from
der boden war rutschig die
steinfliesen kalt *nice
country* ein klebriger druck
an den sohlen verkrustetes
tierblut asche rote blüten
an den rändern verkohlt
mandarinenschalen ein
ausgelutschter sonnen
untergang *this is our
godness* ich hol mir hier
den tod hände die sich mir
entgegenstrecken hände
die aus den augen kommen
fernsehbilder zum anfassen
ich gehe vorbei *you can
ring the bell try* elend in
bunten tüchern das hilft
ich läute die glocke die
göttin zeigt ihre zunge

nicht *she sleeps* er legt
seine hand an die backe
zwischen seinen zähnen
klebt das fruchtfleisch
meine zehen verfaulen
denke ich als ein halb
nacktes lächeln mir
einen kübel wasser vor
die füsse schüttet *sorry*
no problem er zündet
ein räucherstäbchen an
nimmt mir die opfergaben
ab & beschleunigt sein
gebet ich halte die luft
an er drückt mir einen
roten punkt auf die stirn
ich verbeuge mich zum
glück kennt mich hier
keiner sie schläft ja ich
schwitze es kann wochen
dauern bis es ausbricht
try it's sweet ich muss an
meine schuhe denken *you*
can eat it schwarzes leder
kein problem eine zweite haut
gegen den bodenkontakt
hohe absätze man geht
darin als würde man
schweben stinkstiefel er
lacht schon wieder *she*
gives you a wish nur weg
von hier *but tell nobody*
er nimmt mir das restliche
geld ab ich halt mich an
den schnürsenkeln fest mir

ist als blieben meine augen
barfuss stehen & müssten
neu zu laufen lernen *nice
shoes* ich schau ihn
verwundert an er beruhigt
mich *i know you're a
movie star* ja sage ich &
lüg ihn an er lacht lacht
noch immer *but tell nobody*

erfrischungspause

mir fallen die augen zu seine
hand in den blick ein fallbeil
das durch die luft schnellt
zu müde mein kopf er
schmerzt ich lasse ihn
hängen schreck auf er
schlägt wo ist seine hand
mit der machete wie
macht er das nur es geht
zu schnell einen stern in
die schädeldecke der
kokosnuss ich trau meinen
augen nicht jetzt steckt er
einen strohhalm in die
hirnsuppe & streckt sie
mir entgegen trink &
während ich noch zögre
hör ich wie schon der
nächsten nuss der kopf
zerschellt & die leeren
schalen auf die strasse
fallen wo sie unter den
tritten wie knochen aus
einander krachen das
ist der kulturschock rette
ich mich & halte mich
an meinem plastikhalm
fest & zieh mir das süsse
zeug rein merke wie mir
das wasser die zunge
verklebt & mir die worte
im fluss hält indian cola

hör ich mich bescheuert
sagen & spür statt blech
die glatte haut in der hand
seh seine machete sich
ein sternbild nach dem
anderen aus den schädeln
schlagen die leute gehen
weiter ich steh noch immer
da & wieg mich im rhythmus
seiner hiebe schau zu wie
sie die luft rasieren & einen
himmel voller wolken mit
einem lächeln davor mir ist
zum heulen zumute mein
kopf ist leer nur nicht
sentimental werden jetzt
zittern mir auch noch die
hände es reicht ein letzter
zug & dann geb ich dem
jungen mich ekelt das grüne
ding zurück danke er grinst &
haut es entzwei zieht mit der
schneide eine milchige haut
aus dem innern der frucht
ein schlabberndes weiss das
plötzlich nass zwischen
meinen fingern zappelt &
an dem ich kräftig zu kauen
hab bis ich es endlich
schlucken kann geschafft
aussen hart innen weich
denke ich mir noch schlau
wie ich bin & dazwischen
nichts als wasser im kopf
einen stern eine wolke die

dir den schädel kappt bevor
der strohhalm aus dem himmel
kommt & du es schlürfen
hörst bis dir die augen
zufallen

gassenglück

rote grüne blaue brause
wie sie auf der hand
kribbelt wenn man drauf
spuckt & mit der
zungenspitze die bunten
termiten aufschleckt die
den rachen hinab bis
ins herz krabbeln dessen
wände sie lustig abnagen
um dann mit fetten bäuchen
durch die blutbahnen zu
rutschen bevor sie am
ende ihrer kurzen reise
durch einen zitternden
körper die zehennägel
wie kanaldeckel öffnen &
zwischen tausenden von
füssen weiterwandern auf
der suche nach dem
nächsten opfer verfolgt
von den blicken der
verkäufer ihren glühenden
augäpfeln & der aschenglut
in den dunkelkammern
ihrer selbstgezimmerten
unterstände die sie vor
dem verräterischen licht
der sonne schützen wie
die schatten die hände der
diebe die an die rücken
der touristen schleichen um
im vorübergehen in ihre

taschen zu greifen für eine
handvoll brausenglück
in einer der bunten
aneinandergehefteten
tüten die aussehen wie
kondome & über den
pornoblättern hängen
den nackten brüsten
aus tiefbrauner haut
die man unter dem
langen schwarzen
haar erahnen will
wenn die worte auf
der zunge prickeln
& beim sprechen
schäumen & alles
was man sagt in
roten blauen grünen
luftblasen zum himmel
steigt der übervoll von
träumen ist bevor sie
hinter den wolken an
den zahnstochern der
götter zerplatzen es
sei denn die termiten
lernten   fliegen

amitava

seine brillengläser sind dick
wie flaschenböden die augen
dahinter besoffen vor glück
wenn er freunde durch seine
stadt führt manche sagen
sie sei die hässlichste der welt
unter dem lufttanz seiner hände
wenn er spricht ist sie schön
wie der schattenkörper einer
verbotenen frau die ihre reize
hinter einem schleier verbirgt
den er lüftet mit geschichten
die nie zeigen was sie erahnen
lassen kleine lügen die das
offensichtliche verzaubern zu
einer wahrheit die hinter den
dingen liegen muss er hütet
ein geheimnis das er mit uns
teilt & jeder kennt der bettler
der seine beine in einem
vorigen leben vergessen hat
die mücke die vielleicht ein
prinz gewesen ist & weiss
wie man blut aus dürren
armen saugt der taxifahrer
der auf nägeln sitzt mit dem
stadtplan einer besseren welt
auf der zunge & mit seiner
hupe die ampeln betört der
priester der unser gewissen
beschwört bis sich die dollar
noten wie schlangenköpfe

aus den geldbeuteln winden
& für die göttin zwischen
seinen fingern tanzen unser
führer ist ein kluger mann
er liest fragen die wir uns
verbissen so lange von den
lippen bis auch wir wie
von selbst seine antworten
geben & das wovor wir die
augen verschliessen möchten
mit seinen blicken sehen &
das elend ertragen & für
einen moment glauben zu
verstehen dann lacht er &
wir wissen es ist nur die
halbe wahrheit die andere
hälfte ist er der stolz das
glück hinter seinen gläsern
das uns trunken macht

india somnia

das ist zuviel für mich ich
kann dich nicht erreichen die
augen fallen mir immer wieder
zu deine nummer ist besetzt
oder ich bin zu müde sie
andauernd zu wiederholen
oder das telefon ist auf
einmal warum wie tot kein
durchkommen kein wählton
die ganze stadt eingerüstet mit
starkstromkabeln ariadnefäden
aus schwarzem angeschmortem
gummi telefondrähte die keinen
anschluss finden antennen die
sich über die himmelsrichtungen
streiten & die signale der
funktürme verpennen satelliten
die von heimweh getrieben vom
kurs abkommen & sich in den
ozean stürzen leuchtreklamen
deren glühbirnen den flugzeugen
als positionslampen dienen doch
in den kinos sind keine plätze
mehr frei für ihre schweren
bäuche die im nebel über den
hochhäusern verschwinden &
sich auf den schiefen rücken der
slumhütten schlafen legen &
die landepisten allein lassen
heute nacht ihr lichtermeer das
die vögel anlockt die mit den
schiffen auf dem ganges

treiben & sich herzen aus dem
wasser fischen das mit chlor
versetzt über meinen rücken
läuft zum rauschen der
fernsehkanäle die mir die
ausgesperrte stadt ins zimmer
spülen das stimmengewirr
das sich auf dem fussboden
breitmacht das telefon das
wie ein taxi hupt die uhr die
plötzlich ein dollarzeichen
vor den ziffern hat die wände
die dünn werden wie ein
kleid aus gebrochener seide
durch das gesichter scheinen
die mir aus dem tapetenmuster
entgegenlachen & mir ist
als müsst ich meine füsse
auf fremde sohlen setzen als
wär das fenster von kabeln
verhangen die tür von schiffen
versperrt & der horizont
ein glühender draht zum
himmel der mich mit dem
zimmerservice verbindet
einem mann mit sieben
armen & augen schwärzer
als die coke die er mir
bringt das einzige an
das ich mich halten kann
während ich dich im
zimmer nebenan
anrufe & du mir erzählst
dass meine stimme wie das
fell einer trommel klingt &

ein elephant dir den rasier
schaum aus dem gesicht
bläst & wir mit ihm ein bier
trinken gehen wenn du ihm
die schuhe geputzt hast &
ich aufgewacht bin

leaving india

abheben das flaue gefühl
im magen keine ratte die
über den hochgeklappten
tisch läuft keine nägel im
gurt der mir den bauch
abschnürt weil ich ihn
festzog als müsste er
mich von meinen füssen
fernhalten schritte
die sie im sitzen auf
dem falschen boden
gehen während sie die
strassen darunter
verlieren den lehm
in den gassen den
staub auf den brücken
den abdruck der hände
im schlamm die rostigen
trittbretter der busse das
wasser auf den fliesen
der tempel das sanfte
nachgeben der teppiche
unter den ängstlichen
zehenspitzen das
kümmerliche gras der
plätze die schemel der
schuhputzer weil sie
alles was sie dort wie
ein geheimnis berührten
längst verloren haben &
ohne es zu merken in der
luft wie an einem galgen

baumeln der die erinnerung
auslöscht mit dem klicken
der gurtschnalle dem
jenseitigen versprechen
des piloten auf das wetter
zu hause unter den gesten
der stewardessen die mit
tanzenden händen die
passagiere in sicherheit
wiegen ihre lippen spitzen &
in schwimmwesten blasen
die keine luft bekommen
bis die masken von den
decken baumeln & ihre
backenknochen verbergen
wie der turban des sikhs
am fensterplatz den
langsamen abschied von
der stadt vor meinen augen
den rauch der feuer am
ganges den die wolken
einsaugen was bleibt
nur die farbige erde die
noch an den sohlen klebt
der name calcutta auf dem
bildschirm der rote strich
der die entfernung von
ihr anzeigt den faden
an einem herz das zurück
blieb

bombe

kaum bin ich zurück den
kuss noch auf der stirn
den abschied noch vor
mir die gefalteten hände
die leichte verbeugung
das blütenblatt als talis
man in meinem buch
die friedvollen wünsche
im ohr den klang seiner
langsamen stimme als
ich ihn im fernsehen
oder bilde ich es mir nur
ein wiedersehe & ich
hoffe er ist es nicht
sie haben die bombe
gezündet & seine augen
strahlen anders als hätte
ein pilz seine pupillen
zerfressen als hinge
eine wolke über seinem
lächeln die seine sanften
züge verschattet als
wären seine lippen nun
schlangen die sich um
seine hervorschnellende
zunge winden & im
rachen verschwinden
sein herz zu finden das
die vögel längst zwischen
ihren schnäbeln davon
tragen in ein nahes land
wo sie es fallen lassen &

es auf einem wütenden
gesicht zerplatzt das
dem seinen gleicht wie
ein wort dem anderen
er kann es nicht sein
ich täusche mich meine
erinnerung ertrinkt im
fluss der bilder die masse
verwandelt sich in eine
zürnende göttin aus der
immer neue hände augen
arme wachsen eine rote
gespaltene zunge die
menschen spuckt & einen
freund verschluckt während
das blütenblatt zwischen
den zeilen seines buches
zerfällt & ich mir die
wolken aus den augen
reibe & sehe er ist es
nicht

Inhalt